EPISTRES
NOUVELLES.

Du Sieur D***

A PARIS,
Chez DENYS THIERRY, ruë saint Jacques,
devant les Mathurins, à la Ville de Paris.

M. DC. XCVIII.

AVEC PRIVILEGE DU ROY.

PREFACE.

E ne sçay si les trois Epistres que je donne ici au Public auront beaucoup d'Approbateurs : mais je sçay bien que mes Censeurs y trouveront abondamment dequoy exercer leur critique. Car tout y est extrêmement hazardé. Dans le premier de ces trois Ouvrages, sous prétexte de faire le procez à mes derniers Vers, je fais moi-mesme mon eloge, & n'oublie rien de ce qui peut estre dit à mon avantage. Dans le second je m'entretiens avec mon Jardinier de choses tres-basses, & tres-petites ; & dans le troisiéme je decide hautement du plus grand & du plus important poinct de la Religion : Je veux dire, de l'Amour de Dieu. J'ouvre donc un beau champ à ces Censeurs, pour attaquer en moi, & le Poëte orgueilleux, & le Villageois grossier, & le Theologien temeraire. Quelque fortes pourtant que soient leurs attaques, je doute qu'elles ébranlent la

PREFACE.

ferme resolution que j'ay prise il y a long-temps de ne rien respondre, au moins sur le ton serieux, à tout ce qu'ils écriront contre moi.

A quoy bon en effet perdre inutilement du papier? Si mes Epistres sont mauvaises, tout ce que je dirai ne les fera pas trouver bonnes; & si elles sont bonnes, tout ce qu'ils diront ne les fera pas trouver mauvaises. Le Public n'est pas un Juge qu'on puisse corrompre, ni qui se regle par les passions d'autrui. Tout ce bruit, tous ces Escrits qui se font ordinairement contre des Ouvrages où l'on court, ne servent qu'à y faire encore plus courir, & à en mieux marquer le merite. Il est de l'essence d'un bon Livre d'avoir des Censeurs : & la plus grande disgrace qui puisse arriver à un Escrit qu'on met au jour, ce n'est pas que beaucoup de gens en disent du mal, c'est que personne n'en dise rien.

Je me garderai donc bien de trouver mauvais qu'on attaque mes trois Epistres. Ce qu'il y a de certain, c'est que je les ai fort travaillées, & principalement celle de l'Amour de Dieu, que j'ai retouchée plus d'une fois, & où j'avouë que j'ay emploié tout le peu que je puis avoir d'esprit, & de lumieres. J'avois dessein d'abord de la donner toute seule; les deux autres me paroissant trop frivoles pour estre presentées au grand jour de l'impression, avec

PREFACE.

un Ouvrage si serieux. Mais des Amis tres-sensés m'ont fait comprendre, que ces deux Epistres, quoique dans le stile enjoüé, estoient pourtant des Epistres morales, où il n'estoit rien enseigné que de vertueux. Qu'ainsi estant liées avec l'autre, bien loin de luy nuire, elles pourroient mesmes faire une diversité agreable ; & que d'ailleurs beaucoup d'honestes gens souhaitant de les avoir toutes trois ensemble, je ne pouvois pas avec bienséance me dispenser de leur donner une si legere satisfaction. Je me suis rendu à ce sentiment, & on les trouvera rassemblées ici dans un mesme cahier. Cependant comme il y a des Gens de pieté, qui peut-estre ne se soucieront guere de lire les entretiens que je puis avoir avec mon Jardinier & avec mes Vers, il est bon de les avertir, qu'il y a ordre de leur distribuer à part la derniere, c'est à sçavoir celle qui traite de l'Amour de Dieu ; & que non seulement je ne trouveray pas étrange, qu'ils ne lisent que celle-là ; mais que je me sens quelquefois moy-mesme en des dispositions d'esprit, où je voudrois de bon cœur n'avoir de ma vie composé que ce seul Ouvrage, qui vrai-semblablement sera la derniere piece de Poësie qu'on aura de moy : mon genie pour les Vers commençant à s'épuiser, & mes emplois historiques ne me laissant guere le temps de m'appliquer à chercher, & à ramasser des rimes.

PREFACE.

Au reste, avant que de finir cette Preface, il ne sera pas hors de propos, ce me semble, de rasseurer des Personnes timides, qui n'ayant pas une fort grande idée de ma capacité en matiere de Theologie douteront peut estre que tout ce que j'avance en mon Epistre soit fort infaillible, & apprehenderont qu'en voulant les conduire je ne les égare. Afin donc qu'elles marchent seurement, je leur diray, vanité à part : Que j'ay leu plusieurs fois cette Epistre à un fort grand nombre de Docteurs de Sorbonne, de Peres de l'Oratoire & de Jesuites tres-celebres qui tous y ont applaudi, & en ont trouvé la Doctrine tres-saine & tres-pure. Que beaucoup de Prelats illustres à qui je l'ay recitée en ont jugé comme Eux. Que Monseigneur l'Evesque de Meaux, c'est à dire, une des plus grandes lumieres qui ayent éclairé l'Eglise dans les derniers Siecles, a eu long-temps mon Ouvrage entre les mains ; & qu'aprés l'avoir leû & releû plusieurs fois, il m'a nonseulement donné son approbation, mais a trouvé bon que je publiasse à tout le monde, qu'il me la donnoit. Enfin, que pour mettre le comble à ma gloire, ce saint Archevesque dans le Diocese duquel j'ay le bonheur de me trouver, ce grand Prélat, di-je, aussi eminent en doctrine & en vertus, qu'en dignité & en naissance, que le plus grand Roy de l'Univers, par un choix visiblement inspiré du Ciel,

PREFACE.

a donné à la Ville capitale de son Royaume, pour asseurer l'Innocence, & pour détruire l'Erreur, Monseigneur l'Archevesque de Paris, en un mot, a bien daigné aussi examiner soigneusement mon Epistre, a eû mesmes la bonté de me donner sur plus d'un endroit des conseils que j'ay suivis ; & m'a enfin accordé aussi son approbation avec des eloges, dont je suis egalement ravi & confus.

Je croyois n'avoir plus rien à dire au Lecteur. Mais dans le temps mesme que cette Preface estoit sous la presse, on m'a apporté une miserable Epistre en vers, que quelque impertinent a fait imprimer, & qu'on veut faire passer pour mon Ouvrage sur l'Amour de Dieu. Je suis donc obligé d'ajoûter cet article, afin d'avertir le Public, que je n'ay fait d'Epistre sur l'Amour de Dieu, que celle qu'on trouvera icy : l'autre estant une piece fausse, & incomplete, composée de quelques vers qu'on m'a dérobez, & de plusieurs qu'on m'a ridiculement prestez.

EXTRAIT DV PRIVILEGE DV ROY.

PAR Lettres patentes du Roy, données à Paris le 23. Octobre 1697. signées par le Roy en son Conseil, BELLAVOINE: Il est permis au sieur D*** de faire imprimer, vendre & débiter, par tel Imprimeur-Libraire qu'il voudra choisir, toutes ses Oeuvres, avec les Nouvelles Pieces qu'il y veut ajoûter ; pendant le temps & espace de seize années entieres & consecutives : avec défenses à tous Imprimeurs, Libraires, & autres personnes d'imprimer ledit Livre, ensemble ou separément pendant ledit temps, sous les peines portées par lesdites Lettres de Privilege.

Registré sur le Livre de la Communauté des Imprimeurs & Libraires de Paris, le 7. Novembre 1697.

Signé, P. AUBOÜYN, *Syndic.*

Ledit sieur D*** a cedé son droit de Privilege à DENYS THIERRY, Imprimeur-Libraire, & Ancien Juge Consul de Paris.

EPISTRE

EPISTRE X.
A MES VERS.

'AY beau vous arrester, ma remontrance
est vaine ;
Allés, partés, mes Vers, dernier fruit
de ma veine.
C'est trop languir chés moi dans un obscur séjour.
La prison vous déplaist, vous cherchés le grand jour ;
Et déja chés Barbin, ambitieux Libelles,
Vous bruslés d'étaler vos feuilles criminelles.
Vains & foibles Enfans dans ma vieillesse nés,
Vous croyés, sur les pas de vos heureux aisnés,
Voir bien-tost vos bons mots passant du Peuple aux Princes,
Charmer egalement la Ville, & les Provinces,
Et par le promt effect d'un sel réjoüissant
Devenir quelquefois proverbes en naissant.

EPISTRE X.

Mais perdés cette erreur dont l'appas vous amorce.
Le temps n'est plus, mes Vers, où ma Muse en sa force
Du Parnasse François formant les Nouriçons,
De si riches couleurs habilloit ses Leçons:
Quand mon Esprit poussé d'un couroux legitime
Vint devant la Raison plaider contre la Rime,
A tout le Genre Humain sceût faire le procez,
Et s'attaqua soy-mesme avec tant de succez.
Alors il n'estoit point de Lecteur si sauvage
Qui ne se déridast en lisant mon Ouvrage,
Et qui, pour s'égayer, souvent dans ses Discours
D'un mot pris en mes Vers n'empruntast le secours.
    Mais aujourd'hui qu'enfin la Vieillesse venuë,
Sous mes faux cheveux blonds déja toute chénuë,
A jetté sur ma teste avec ses doigts pezans
Onze lustres complets surchargés de trois ans;
Cessés de présumer dans vos folles pensées,
Mes Vers, de voir en foule à vos rimes glacées
Courir l'argent en main les Lecteurs empressés.
Nos beaux jours sont finis, nos honneurs sont passés.
Dans peu vous allés voir vos froides resveries
Du Public exciter les justes moqueries,
Et leur Auteur jadis à Regnier préferé :
A Pynchesne, à Liniere, à Perrin comparé.
Vous aurés beau crier, O Vieillesse ennemie!
N'a-t-il donc tant vescu que pour cette infamie?

EPISTRE X.

Vous n'entendrés par tout qu'injurieux brocards
Et sur vous, & sur lui fondre de toutes parts.
 Que veut-il, dira-t-on ? Quelle fougue indiscrete
Ramene sur les rangs encor ce vain Athlete ?
Quels pitoyables vers ! Quel style languissant !
Malheureux, laisse en paix ton cheval vieillissant :
Depeur que tout à coup eflanqué, sans haleine,
Il ne laisse en tombant son Maistre sur l'arene.
Ainsi s'expliqueront nos Censeurs sourcilleux :
Et bientost vous verrés mille Auteurs pointilleux
Piece à piece épluchant vos sons & vos paroles
Interdire chés vous l'entrée aux hyperboles,
Traiter tout noble mot de terme hazardeux,
Et dans tous vos Discours, comme monstres hideux,
Hüer la Metaphore, & la Metonymie,
(Grands mots que Pradon croit des termes de Chymie:)
Vous soutenir qu'un Lict ne peut estre effronté :
Que nommer la Luxure est une impureté.
Envain contre ce flot d'aversion publique
Vous tiendrés quelque temps ferme sur la boutique ;
Vous irés à la fin honteusement exclus
Trouver au magazin Pyrame, & Regulus,*   ** Pieces de Theâtre de Mr Pradon.*
Ou couvrir chés Thierry d'une feuille encor neuve
Les Meditations de Buzée & d'Hayneuve,
Puis, en tristes lambeaux semés dans les Marchés,   ** Poëme heroïque non vendu.*
Souffrir tous les affronts au Jonas * reprochés.

EPISTRE X.

Mais quoy, de ces discours bravant la vaine attaque
Déja comme les vers de Cinna, d'Andromaque,
Vous croyés à grands pas chés la Posterité
Courir marqués au coin de l'Immortalité.
Hé bien, contentés donc l'orgueil qui vous enyvre.
Montrés-vous, j'y consens : mais du moins dãs mon Livre
Commencés par vous joindre à mes premiers Ecrits.
C'est-là qu'à la faveur de vos Freres cheris
Peut-estre enfin soufferts, comme Enfans de ma plume,
Vous pourés vous sauver épars dans le volume.
Que si mesmes un jour le Lecteur gracieux
Amorcé par mon nom sur vous tourne les yeux ;
Pour m'en recompenser, mes Vers, avec usure,
De vostre Auteur alors faites-lui la peinture :
Et sur tout prenés soin, d'effacer bien les traits
Dont tant de Peintres faux ont flestri mes portraits.
  Déposés hardîment : qu'au fond cet Homme horrible,
Ce Censeur qu'ils ont peint si noir, & si terrible,
Fut un Esprit doux, simple, ami de l'equité,
Qui cherchant dans ses vers la seule verité
Fit sans estre malin ses plus grandes malices,
Et qu'enfin sa candeur seule a fait tous ses vices.
Dites ; que harcelé par les plus vils Rimeurs
Jamais blessant leurs vers il n'effleura leurs mœurs :
Libre dans ses discours ; mais pourtant toûjours sage :
Assés foible de corps, assés doux de visage,

EPISTRE X.

Ni petit, ni trop grand, trés-peu voluptueux,
Ami de la vertu plûtost que vertueux.
   Que si quelqu'un, mes Vers, alors vous importune
Pour sçavoir mes parens, ma vie & ma fortune,
Contes-lui, qu'allié d'assés hauts Magistrats,
Fils d'un Pere Greffier né d'ayeux Avocats,
Dés le berceau perdant une fort jeune Mere,
Réduit seize ans aprés à pleurer mon vieux Pere,
J'allay d'un pas hardi, par moi-mesme guidé,
Et de mon seul genie en marchant secondé,
Studieux amateur, & de Perse, & d'Horace,
Assés prés de Regnier m'asseoir sur le Parnasse.
Que par un coup du sort au grand jour amené,
Et des bords du Permesse à la Cour entraisné,
Je sceûs, prenant l'essor par des routes nouvelles,
Eslever assés haut mes poëtiques aîles :
Que ce Roy dont le nom fait trembler tant de Rois
Voulut bien que ma main crayonnast ses exploits :
Que plus d'un Grand m'aima jusques à la tendresse ;
Que ma veüe à Colbert inspiroit l'allegresse :
Qu'aujourd'hui mesme encor de deux sens affoibli
Retiré de la Cour, & non mis en oubli,
Plus d'un Heros épris des fruits de mon estude
Vient quelquefois chés moi gouster la solitude.
   Mais des heureux regards de mon Astre estonnant
Marqués bien cet effet encor plus surprenant,

A iij

EPISTRE X.

Qui dans mon souvenir aura toûjours sa place:
Que de tant d'Escrivains de l'Ecole d'Ignace
Estant, comme je suis, ami si declaré,
Ce Docteur toutefois si craint, si reveré,
Qui contre-Eux de sa plume epuisa l'energie
Arnaud le grand Arnaud fit mon apologie. *
Sur mon tombeau futur, mes Vers, pour l'enoncer,
Courés en lettres d'or de ce pas vous placer.
Allés jusqu'où l'Aurore en naissant void l'Hydaspe,
Chercher, pour l'y graver, le plus précieux jaspe.
Sur tout à mes Rivaux sçachés bien l'étaler.
    Mais je vous retiens trop. C'est assés vous parler.
Déja plein du beau feu qui pour vous le transporte
Barbin impatient chés moi frappe à la porte:
Il vient pour vous chercher. C'est lui: j'entens sa voix.
Adieu, mes Vers, adieu pour la derniere fois.

* Mr Arnaud a faict une Dissertation, où il me justifie contre mes Censeurs, & c'est son dernier Ouvrage.

EPISTRE XI.
A MON JARDINIER.

ABORIEUX Valet du plus commode Maistre
Qui pour te rendre heureux ici bas pouvoit naistre,
Antoine, Gouverneur de mon Jardin d'Auteuil,
Qui diriges chés moi l'if, & le chevrefeuil,
Et sur mes espaliers, industrieux genie,
Sçais si bien exercer l'art de la Quintinie.
O! que de mon esprit triste & mal ordonné,
Ainsi que de ce champ par toi si bien orné,
Ne puis-je faire oster les ronces, les épines,
Et des defaux sans nombre arracher les racines?
  Mais parle : Raisonnons. Quand du matin au soir
Chés moi poussant la béche, ou portant l'arrosoir,
Tu fais d'un sable aride une terre fertile,
Et rens tout mon jardin à tes loix si docile,
Que dis-tu de m'y voir resveur, capricieux,
Tantost baissant le front, tantost levant les yeux,

EPISTRE XI.

De paroles dans l'air par élans envolées
Effrayer les Oyseaux perchés dans mes allées ?
Ne soupçonnes-tu point qu'agité du Demon,
Ainsi que ce * Cousin des quatre fils Aymon, *Maugis.
Dont tu lis quelquefois la merveilleuse histoire,
Je rumine en marchant quelque endroit du Grimoire ?
Mais non : Tu te souviens qu'au Village on t'a dit
Que ton Maistre est nommé pour coucher par écrit
Les faits d'un Roy plus grand en sagesse, en vaillance,
Que Charlemagne aidé des douze Pairs de France.
Tu crois qu'il y travaille, & qu'au long de ce mur
Peut-estre en ce moment il prend Mons & Namur.

 Que penserois-tu donc, si l'on t'alloit apprendre
Que ce grand Chroniqueur des gestes d'Alexandre
Aujourd'hui méditant un projet tout nouveau,
S'agite, se demene, & s'uze le cerveau,
Pour te faire à toi-mesme en rimes insensées
Un bizarre portrait de ses folles pensées ?
Mon Maistre, dirois-tu, passe pour un Docteur,
Et parle quelquefois mieux qu'un Prédicateur.
Sous ces arbres pourtant, de si vaines sornettes
Il n'iroit point troubler la paix de ces fauvetes ;
S'il lui falloit toûjours, comme moi, s'exercer,
Labourer, couper, tondre, applanir, palisser,
Et dans l'eau de ses puits sans relasche tirée
De ce sable estancher la soif demesurée.

         Antoine,

EPISTRE XI.

Antoine, de nous deux tu crois donc, je le voy,
Que le plus occupé dans ce jardin, c'est toy.
O ! que tu changerois d'avis, & de langage !
Si deux jours seulement libre du jardinage,
Tout à coup devenu Poëte & Bel esprit
Tu t'allois engager à polir un écrit
Qui dist sans s'avilir les plus petites choses,
Fist des plus secs chardons des œillets & des roses,
Et sceûst mesme aux discours de la rusticité
Donner de l'elegance, & de la dignité ;
Un Ouvrage en un mot qui juste en tous ses termes,
Sceûst plaire à D'Aguesseau *, sceûst satisfaire Termes, * Avocat General.
Sceûst, di-je, contenter, en paroissant au jour,
Ce qu'ont d'Esprits plus fins & la Ville, & la Cour.
Bientost de ce travail revenu sec, & pasle,
Et le teint plus jauni que de vingt ans de hasle,
Tu dirois, reprenant ta paile, & ton rateau,
J'aime mieux mettre encor cent arpens au niveau,
Que d'aller follement egaré dans les nuës
Me lasser à chercher des visions cornuës,
Et pour lier des mots si mal s'entr'accordans
Prendre dans ce Jardin la Lune avec les dents.

   Approche donc, & vien ; qu'un Paresseux t'apprenne,
Antoine, ce que c'est que fatigue, & que peine.
L'Homme icibas toûjours inquiet, & gesné
Est dans le repos mesme au travail condamné.

EPISTRE XI.

La fatigue l'y suit. C'est en vain qu'aux Poëtes
Les neuf trompeuses Sœurs dans leurs douces retraites
Promettent du repos sous leurs ombrages frais:
Dans ces tranquilles Bois pour Eux plantés expréz,
La Cadence aussi-tost, la Rime, la Césure,
La riche Expression, la nombreuse Mesure,
Sorcieres dont l'amour sçait d'abord les charmer,
De fatigues sans fin viennent les consumer.
Sans cesse poursuivant ces fugitives Fées
On void sous les Lauriers haleter les Orphées.
Leur Esprit toutefois se plaist dans son tourment,
Et se fait de sa peine un noble amusement.
Mais je ne trouve point de fatigue si rude,
Que l'ennuieux loisir d'un Mortel sans estude,
Qui, jamais ne sortant de sa stupidité,
Soutient dans les langueurs de son oysiveté,
D'une lasche Indolence esclave volontaire,
Le penible fardeau de n'avoir rien à faire.
Vainement offusqué de ses pensers épais
Loin du trouble, & du bruit il croit trouver la paix.
Dans le calme odieux de sa sombre paresse
Tous les honteux plaisirs Enfans de la Mollesse,
Usurpant sur son ame un absolu pouvoir,
De monstrueux desirs le viennent emouvoir,
Irritent de ses sens la fureur endormie,
Et le font le jouët de leur triste infamie.

EPISTRE XI.

Puis sur leurs pas soudain arrivent les Remords;
Et bientost avec Eux tous les fleaux du corps,
La Pierre, la Colique, & les Goutes cruelles, [les,
Guenaud, Rainssant, Brayer, presque aussi tristes qu' El-
Chés l'indigne Mortel courent tous s'assembler,
De travaux douloureux le viennent accabler,
Sur le duvet d'un Lict theâtre de ses gesnes,
Lui font scier des rocs, lui font fendre des chesnes,
Et le mettent au point d'envier ton emploi.
Reconnois donc, Antoine, & conclus avec moi,
Que la Pauvreté masle, active, vigilante,
Est parmi les travaux moins lasse, & plus contente;
Que la Richesse oysive au sein des voluptés.
 Je te vais sur cela prouver deux Verités.
L'une, que le travail aux hommes necessaire
Fait leur felicité plûtost que leur misere;
Et l'autre, qu'il n'est point de Coupable en repos.
C'est ce qu'il faut ici montrer en peu de mots.
Suy moi donc. Mais je voy sur ce début de prône,
Que ta bouche déja s'ouvre large d'une aune,
Et que les yeux fermés tu baisses le menton.
Ma foy, le plus seûr est de finir ce sermon.
Aussi bien j'appercoy ces Melons qui t'attendent,
Et ces fleurs qui là bas entre Elles se demandent;
S'il est feste au village, & pour quel Sainct nouveau,
On les laisse aujourd'hui si longtemps manquer d'eau.

EPISTRE XII.

SUR L'AMOUR DE DIEU,

A Mr L'ABBÉ RENAUDOT.

OCTE *Abbé, tu dis vrai, l'Homme au crime attaché*
Envain, sans aimer Dieu, croit sortir du peché.
Toutefois, n'en déplaise aux transports frenetiques
Du fougueux Moine * auteur des troubles Germaniques,*   * Luther.
Des tourmens de l'Enfer la salutaire Peur
N'est pas toûjours l'effect d'une noire vapeur,
Qui de remords sans fruict agitant le Coupable,
Aux yeux de Dieu le rende encor plus haïssable.
Cette utile frayeur propre à nous penetrer
Vient souvent de la Grâce en nous preste d'entrer,
Qui veut dans nôtre cœur se rendre la plus forte,
Et pour se faire ouvrir déja frappe à la porte.

C

EPISTRE XII.

Si le Pécheur pouſſé de ce ſainct mouvement,
Reconnoiſſant ſon crime, aſpire au Sacrement,
Souvent Dieu tout à coup d'un vrai zele l'enflâme,
Le Saint Eſprit revient habiter dans ſon ame;
Y convertit enfin lés tenebres en jour,
Et la Crainte ſervile en filial Amour.
C'eſt ainſi que ſouvent la Sageſſe ſuprême
Pour chaſſer le Démon ſe ſert du Démon même.
 Mais lorſqu'en ſa malice un Pécheur obſtiné,
Des horreurs de l'Enfer vainement eſtonné,
Loin d'aimer humble Fils ſon veritable Pere,
Craint, & regarde Dieu comme un Tyran ſevere.
Aux biens qu'il nous promet ne trouve aucun appas,
Et ſouhaitte en ſon cœur que ce Dieu ne ſoit pas;
Envain la Peur ſur lui remportant la victoire
Aux piés d'un Preſtre il court décharger ſa memoire,
Vil Eſclave toûjours ſous le joug du peché
Au Démon qu'il redoute il demeure attaché.
L'Amour eſſentiel à nôtre penitence
Doit eſtre l'heureux fruict de nôtre repentance.
Non, quoique l'Ignorance enſeigne ſur ce poinct,
Dieu ne fait jamais grace à qui ne l'aime point.
A le chercher la Peur nous diſpoſe, & nous aide:
Mais il ne vient jamais que l'Amour ne ſuccede.
 Ceſſés de m'oppoſer vos diſcours impoſteurs,
Confeſſeurs inſenſés, ignorans Seducteurs,

EPISTRE XII.

*Qui pleins des vains propos que l'Erreur vous debite,
Vous figurés qu'en vous un pouvoir sans limite
Justifie à coup seûr tout Pécheur alarmé,
Et que sans aimer Dieu l'on peut en estre aimé.
 Quoy donc, cher Renaudot, un Chrestien effroyable
Qui jamais servant Dieu n'eût d'objet que le Diable,
Poura marchant toûjours dans des sentiers maudits,
Par des formalités gagner le Paradis;
Et parmi les Elûs dans la Gloire éternelle,
Pour quelques Sacremens receûs sans aucun zele,
Dieu fera voir aux yeux des Saints épouvantés
Son Ennemi mortel assis à ses costés?
Peut-on se figurer de si folles chimeres?
On void pourtant, on void des Docteurs, mesme austeres,
Qui les semant par tout s'en vont pieusement
De toute pieté sapper le fondement;
Qui, le cœur infecté d'erreurs si crimineles,
Se disent hautement les purs, les vrais Fideles;
Traitant d'abord d'Impie, & d'Heretique affreux
Quiconque ose pour Dieu se déclarer contre-Eux.
De leur audace envain les vrais Chrestiens gemissent,
Prests à la repousser les plus hardis mollissent,
Et voyant contre Dieu le Diable accredité,
N'osent qu'en bégayant prescher la verité.
Mollirons-nous aussi? Non, sans peur, sur ta trace,
Docte Abbé, de ce pas j'irai leur dire en face:*

EPISTRE XII.

Ouvrés les yeux enfin, Aveugles dangereux.
Oüi, je vous le soutiens ; Il seroit moins affreux,
De ne point reconnoistre un Dieu maistre du monde,
Et qui regle à son gré le Ciel, la Terre, & l'Onde;
Qu'en avoüant qu'il est, & qu'il sçeût tout former,
D'oser dire, qu'on peut lui plaire sans l'aimer.
Un si bas, si honteux, si faux Christianisme
Ne vaut pas des Platons l'eclairé Paganisme;
Et cherir les vrais biens, sans en sçavoir l'Auteur,
Vaut mieux, que sans l'aimer connoistre un Createur.

 Expliquons-nous pourtant. Par cette ardeur si sainte
Que je veux qu'en un cœur amene enfin la Crainte,
Je n'entens pas ici ce doux saisissement,
Ces transports pleins de joye, & de ravissement,
Qui font des Bienheureux la juste recompense,
Et qu'un cœur rarement gouste ici par avance.
Dans nous l'Amour de Dieu fécond en saints desirs
N'y produit pas toûjours de sensibles plaisirs.
Souvent le cœur qui l'a ne le sçait pas lui-même.
Tel craint de n'aimer pas qui sincerement aime,
Et Tel croit au contraire estre bruslant d'ardeur
Qui n'eût jamais pour Dieu que glace & que froideur.
C'est ainsi quelquefois qu'un indolent Mystique,
Au milieu des péchés tranquille Fanatique,
Du plus parfait Amour pense avoir l'heureux don,
Et croit posseder Dieu dans les bras du Démon.

EPISTRE XII.

Voulés-vous donc sçavoir, si la Foy dans vôtre ame
Allume les ardeurs d'une sincere flâme ?
Consultés-vous vous-mesme. A ses regles soumis
Pardonnés-vous sans peine à tous vos Ennemis ?
Combattés-vous vos sens ? Domtés-vous vos foiblesses ?
Dieu dans le Pauvre est-il l'objet de vos largesses ?
Enfin dans tous ses points pratiqués-vous sa Loy ?
Oui, dites-vous. Allés, vous l'aimés, croyés-moi.
Qui faict exactement ce que ma Loy commande
A pour moi, dit ce Dieu, l'Amour que je demande.
Faites-le donc, & seûr, qu'il nous veut sauver tous,
Ne vous alarmés point pour quelques vains dégousts
Qu'en sa ferveur souvent la plus sainte ame éprouve :
Marchés, courés à lui, Qui le cherche le trouve,
Et plus de vostre cœur il paroist s'écarter,
Plus par vos actions songés à l'arrester.
Mais ne soutenés point cet horrible blasphême ;
Qu'un Sacrement receû, qu'un Prestre, que Dieu même,
Quoi que vos faux Docteurs osent vous avancer,
De l'Amour qu'on lui doit puissent vous dispenser.

Mais s'il faut qu'avant tout dans une ame Chrestienne,
Diront ces grands Docteurs, l'Amour de Dieu survienne ;
Puisque ce seul Amour suffit pour nous sauver,
Dequoy le Sacrement viendra-t-il nous laver ?
Sa vertu n'est donc plus qu'une vertu frivole ?
O le bel argument digne de leur Ecole !

EPISTRE XII.

Quoy, dans l'Amour divin en nos cœurs allumé
Le vœu du Sacrement n'est-il pas renfermé?
Un Payen converti, qui croit un Dieu suprême,
Peut-il estre Chrestien qu'il n'aspire au Baptême?
Ni le Chrestien en pleurs estre vraiment touché
Qu'il ne veuille à l'Eglise avoüer son péché?
Du funeste esclavage où le Démon nous traisne
C'est le Sacrement seul qui peut rompre la chaisne.
Aussi l'Amour d'abord y court avidement:
Mais lui-mesme il en est l'ame, & le fondement.
Lors qu'un Pécheur emû d'une humble repentance
Par les degrés prescrits court à la Penitence,
S'il n'y peut parvenir, Dieu sçait les supposer.
Le seul Amour manquant ne peut point s'excuser.
C'est par lui que dans nous la Grâce fructifie,
C'est lui qui nous ranime, & qui nous vivifie.
Pour nous rejoindre à Dieu lui seul est le lien,
Et sans lui, Foy, Vertus, Sacremens, tout n'est rien.
   A ces Discours pressans que sçauroit-on respondre?
Mais approchés; Je veux encor mieux vous confondre,
Docteurs, Dites-moi donc. Quand nous sommes absous,
Le Saint Esprit est-il, ou n'est-il pas en nous?
S'il est en nous, peut-il n'estant qu'Amour lui-même
Ne nous échauffer point de son amour suprême?
Et s'il n'est pas en nous, Sathan toûjours vainqueur
Ne demeure-t-il pas maistre de nôtre cœur?

EPISTRE XII.

Avoüés donc qu'il faut qu'en nous l'Amour renaisse,
Et n'allés point, pour fuir la Raison qui vous presse,
Donner le nom d'Amour au trouble inanimé
Qu'au cœur d'un Criminel la Peur seule a formé.
L'ardeur qui justifie, & que Dieu nous envoye,
Quoi qu'ici bas souvent inquiete, & sans joye,
Est pourtant cette ardeur, ce mesme feu d'amour
Dont brusle un Bienheureux en l'Eternel Séjour.
Dans le fatal instant qui borne nôtre vie
Il faut que de ce feu nôtre ame soit remplie;
Et Dieu sourd à nos cris, s'il ne l'y trouve pas,
Ne l'y r'allume plus aprés nôtre trépas.
Rendés-vous donc enfin à ces clairs syllogismes,
Et ne pretendés plus par vos confus sophismes,
Pouvoir encore aux yeux du Fidele éclairé
Cacher l'Amour de Dieu dans l'Ecole egaré.
Apprenés que la Gloire, où le Ciel nous appelle,
Un jour des vrais Enfans doit couronner le zele,
Et non les froids remords d'un Esclave craintif
Où creût voir Abély quelque Amour negatif.

 Mais quoy? J'entens déja plus d'un fier Scolastique
Qui me voyant ici, sur ce ton dogmatique,
En vers audacieux traiter ces poincts sacrés,
Curieux me demande, où j'ay pris mes degrés :
Et si, pour m'éclairer sur ces sombres matieres,
Deux cents Auteurs extraits m'ont presté leurs lumieres.

EPISTRE XII.

Non. Mais pour decider, que l'Homme, qu'un Chrestien
Est obligé d'aimer l'unique Auteur du bien,
Le Dieu qui le nourit, le Dieu qui le fit naistre,
Qui nous vint par sa mort donner un second estre,
Faut-il avoir receu le bonnet Doctoral,
Avoir extrait Gamache, Isambert, & Du Val?
Dieu dãs son Livre saint, sans chercher d'autre Ouvrage,
Ne l'a-t-il pas écrit lui-mesme à chaque page?
De vains Docteurs encore, ô prodige honteux!
Oseront nous en faire un probléme douteux!
Viendront traiter d'erreur digne de l'anathême
L'indispensable Loy d'aimer Dieu pour lui-même,
Et par un dogme faux dans nos jours enfanté,
Des devoirs du Chrestien rayer la Charité!

  Si j'allois consulter chés Eux le moins severe,
Et lui disois : Un fils doit-il aimer son Pere?
Ah! peut-on en douter, diroit-il brusquement?
Et quand je leur demande en ce mesme moment:
L'Homme ouvrage d'un Dieu seul bon, & seul aimable,
Doit-il aimer ce Dieu son Pere veritable?
Leur plus rigide Auteur n'ose le décider,
Et craint en l'affirmant de se trop hazarder.

  Je ne m'en puis deffendre, il faut que je t'escrive
La Figure bizarre & pourtant assés vive,
Que je sceûs l'autre jour employer dans son lieu,
Et qui déconcerta ces Ennemis de Dieu.

Au

EPISTRE XII.

Au sujet d'un Escrit, qu'on nous venoit de lire,
Un d'entre-Eux m'insulta, sur ce que j'osai dire:
Qu'il faut, pour estre absous d'un crime confessé,
Avoir pour Dieu du moins un Amour commencé.
Ce dogme, me dit-il, est un pur Calvinisme.
O Ciel! me voilà donc dans l'erreur, dans le schisme,
Et partant reprouvé. Mais, poursuivis-je alors;
Quand Dieu viendra juger les Vivans, & les Morts,
Et des humbles Agneaux, objet de sa tendresse,
Separera des Boucs la troupe pécheresse,
A tous il nous dira severe, ou gracieux,
Ce qui nous fit impurs ou justes à ses yeux.
Selon vous donc, à moi reprouvé, bouc infame;
Va brûler, dira-t-il, en l'eternelle flamme,
Malheureux, qui soutins, que l'Homme deût m'aimer,
Et qui, sur ce sujet, trop promt à déclamer
Pretendis, qu'il falloit pour fleschir ma justice,
Que le Pécheur touché de l'horreur de son vice
De quelque ardeur pour moi sentist les mouvemens,
Et gardast le premier de mes commandemens.
Dieu, si je vous en croy, me tiendra ce langage.
Mais à vous, tendre Agneau son plus cher heritage,
Orthodoxe Ennemi d'un dogme si blasmé,
Venez, vous dira-t-il, Venez mon Bien aimé:
Vous, qui dans les détours de vos raisons subtiles
Embarrassant les mots d'un des plus saints Conciles,

D

EPISTRE XII.

Avés délivré l'Homme, O l'utile Docteur!
De l'importun fardeau d'aimer son Createur.
Entrés au Ciel : Venés comblé de mes louanges
Du besoin d'aimer Dieu desabuser les Anges.
A de tels mots, si Dieu pouvoit les prononcer,
Pour moi je respondrois, je croy, sans l'offenser,
O ! que pour Vous mon cœur moins dur, & moins
    farouche,
Seigneur, n'a-t-il, helas ! parlé comme ma bouche?
Ce seroit ma responfe à ce Dieu fulminant.
Mais vous, de ses douceurs objet fort surprenant,
Je ne sçais pas comment ferme en vostre Doctrine,
Des ironiques mots de sa bouche divine
Vous pouriés sans rougeur, & sans confusion,
Soutenir l'amertume, & la dérision.

    L'audace du Docteur par ce discours frappée
Demeura sans réplique à ma Prosopopée.
Il sortit tout à coup, & murmurant tout bas
Quelques termes d'aigreur que je n'entendis pas,
S'en alla chés Binsfeld ou chés Basile Ponce,
Sur l'heure à mes raisons chercher une responfe.

www.ingramcontent.com/pod-product-compliance
Lightning Source LLC
Chambersburg PA
CBHW060609050426
42451CB00011B/2163